AF267935

PETITS CONSEILS

AU ROI

LOUIS-PHILIPPE

PAR

Auguste Juge.

PRIX : 25 CENT.

PARIS

CHEZ TOUS LES LIBRAIRES.

—

1839

En temps ordinaire les choses politiques
nous inquiètent fort peu : nous sommes,
à l'endroit des institutions gouvernemen-
tales, d'un scepticisme et d'une indiffé-
rence profondes. La monarchie constitutionnelle est sans doute le meilleur des
gouvernements : avouez toutefois qu'une
bonne république ou une bonne monarchie absolue valent bien une mauvaise monarchie constitutionnelle; et on en voit.
Nous aimons beaucoup Louis-Philippe
qui est le Roi; vive le roi Louis-Philippe!
Mais, si le duc de Bordeaux était roi ou
le prince Louis président (ce qu'à Dieu

ne plaise) ils feraient peut-être aussi bien notre affaire. Cependant, par une crise semblable, il faut, bon gré mal gré, prendre un parti et devenir grand politique. La politique est dans l'air, où devrait être le soleil, et elle s'infiltre en vous par les pores, quoi que vous en ayez.

Cette fièvre politique nous jouera quelque mauvais tour : les avocats-généraux ne sont pas gens faciles; ils sont un peu bien forts sur la logique; et M. Partarrieu-Lafosse, par exemple, est parfaitement capable de nous convaincre de provocation à la révolte et au renversement du gouvernement du Roi, et à la fois d'outrage public envers la personne royale. A vrai dire, nous ne serions pas fâché d'avoir un petit procès : cela doit être fort divertissant. Quelques mille francs d'amende et deux ou trois ans de prison, ce n'est pas acheter un jour de plaisir trop cher; c'est peu de chose, il ne vaut guère la peine de s'en passer; et je vous signale ce libelle incendiaire, ô M. Partarrieu!

Les gouvernements doivent être quelque chose de fort détestable : le gouvernement représentatif, le meilleur des gouvernements, est une assez mauvaise machine qui fonctionne très-mal ; la moindre chose la dérange. Depuis un mois bientôt elle ne marche plus, et tous les efforts des hommes les plus intelligents et les plus habiles ne peuvent la remettre en mouvement. Du reste, le repos nous paraît son état normal, et, quand elle marche toute seule un peu, cela nous émerveille beaucoup. Il est triste et désolant de penser, quand on l'examine avec attention, que c'est là pourtant le meilleur des gouvernements possibles.

Pour ne parler que de l'accord indispensable des trois pouvoirs, si l'accord existe, si les trois pouvoirs sont du même avis et s'entendent fort bien, ce qui est la meilleure condition du gouvernement représentatif, il est évident qu'un des trois pouvoirs, le premier venu, aurait fait la chose en question, tout seul, beaucoup plus vite et sans tous ces embarras. S'il y a désaccord, s'il y a refus de l'un des pouvoirs d'obtempérer à la proposition faite par un autre qui n'insiste pas, le pouvoir qui refuse l'emporte évidemment, il est le maître, c'est lui qui gouverne, il décide à tort ou à raison, il est tout seul le gouvernement. S'il y a rupture, complet désaccord, dispute, absolu dissentiment, le gouvernement s'arrête, il n'y a plus de gouvernement. Les coups d'État, les révoltes, les émeutes, la guerre civile et les révolutions peuvent se mettre de la partie.

O le plaisant gouvernement! trois pouvoirs qui s'empêchent entre eux de gouverner! Il n'y en a qu'un, par bonheur, de payé pour cela. Nous avons le gouvernement représentatif, le meilleur des gouvernements : peut-être n'avons-nous pas le meilleur des gouvernements représentatifs. Et quel est ce gouvernement? La Charte, qui est *une vérité*, ne s'explique pas clairement là-dessus, et tous

ne l'entendent pas de la même façon.
Le Roi doit-il gouverner? le Roi est-il
gouvernement comme la chambre des
députés? doit-il lui-même diriger les
affaires, ou simplement regarder faire les
ministres qu'il a nommés sur la désigna-
tion de la Chambre? Dans le dernier cas,
c'est peu de travail pour vingt millions;
à la rigueur on pourrait se passer de
cette façon de roi, et je ferais cela tout aussi
bien pour dix mille francs. D'autre part,
si le Roi gouverne, que devient l'irresponsabilité? les ministres sont des commis.
Et si le Roi est un imbécile, ce qui peut
arriver même à un roi constitutionnel?—
Et s'il voit les choses d'une autre manière
que la chambre des députés, pourra-t-il
exécuter franchement un système imposé
qu'il désapprouve? et ne devra-t-on point
se défier de lui?

Graves questions difficiles à résoudre,
qui seront peut-être un jour résolues.
En attendant le Roi gouverne, il prend
au sérieux sa royauté. Nous ne disons

pas qu'il ait tort; mais il faut bien gouverner. Un bon gouvernement est celui qui contente la nation gouvernée : pourquoi le peuple, en France, est-il républicain ?

La question est importante également pour nous et pour le Roi. Les révolutions brutales n'entendent pas grand'-chose au mécanisme gouvernemental : elles vont droit au fait sans s'arrêter aux fictions et aux théories; une révolution irait droit au Roi sans penser à l'irresponsabilité royale.

Le roi Louis-Philippe est un roi sage, habile et prudent, d'une expérience consommée; il nous a conservé la paix au milieu de circonstances difficiles, il a ramené le calme à l'intérieur, il sait vivre en bonne intelligence avec les puissances étrangères, il s'est concilié le clergé, les légitimistes se rallient tous les jours : c'est fort bien, mais il faudrait songer au peuple.

Je veux, quoi qu'il m'en puisse coûter, parler à mon aise au roi Louis-Philippe;

il ne saurait m'en arriver grand mal.
D'abord je proteste que mon intention
n'est pas de renverser le gouvernement.

On a sans doute mal fait d'entourer la
personne royale de ces barrières. A la
bonne heure, défendez de l'insulter, mais
qu'il soit permis de lui parler. Cela ne
vient pas du Roi : le Roi donne des poi-
gnées de main volontiers. Je l'ai rencontré
plusieurs fois avec son parapluie, et une
fois avec M. Fontaine : il avait l'air très-
bon homme et nullement méchant.

On a eu tort d'éloigner ainsi le Roi du
peuple : le peuple n'est pas aimable toujours; il est volontiers sale, ivrogne et
mal élevé; mais il fait les révolutions.
Entre le peuple et les grands seigneurs,
il vaudrait mieux cent fois mécontenter
les grands seigneurs que le peuple : pour
faire une révolution il faut remuer des
pavés dans la rue, et cela peut salir les
mains.

Il ne faut pas dédaigner les basses
classes : les révolutions partent d'en bas,

non d'en haut; elles se font dans la rue, non dans les salons.

Le peuple ne raisonne guère : il sent; il a des instincts dont il faudrait s'emparer. On les abandonne à d'autres, qui en tirent parti; et on se plaint du peuple!

Si j'étais roi constitutionnel je ferais toujours, au moins en public, de l'opposition libérale à mon gouvernement; je serais révolutionnaire, et quelque peu républicain; je demanderais la réforme électorale, et j'inviterais tous les jours à dîner M. Garnier-Pagès. Le Roi, qui pourrait faire cela très-bien, le laisse faire aux ennemis de la royauté. Ils se disent les amis du peuple, le flattent, lui promettent beaucoup de belles choses dont il n'a que faire; ils lui parlent de *l'exercice de ses droits,* du *vote électoral;* et un morceau de pain blanc ferait mieux son affaire. Il n'y comprend pas grand'-chose, mais on a l'air de prendre son parti contre le gouvernement.

Au fond, le peuple ne demande rien

au gouvernement, chose facile à donner. Demandez au peuple ce qu'il veut : du travail et du pain; ce ne sont pas choses politiques. Mais il se figure qu'il y a un parti du peuple; et, si j'étais roi, je me ferais son partisan.

Le Roi est trop simple pour le peuple, ou il ne l'est pas assez. Qu'il soit peuple s'il veut, non bourgeois; j'aime mieux qu'il soit grand seigneur. Le peuple ne comprend pas, je le répète : il sent; le peuple a des sentiments et des passions; il craint, il respecte, il admire, il s'emporte, il est enthousiaste; il aime comme il hait, par instinct. Prenez-le par les sens et par le cœur, non par l'esprit. La sagesse, la prudence, l'expérience, l'habileté ne lui font rien; il aimerait mieux une poignée de main; non pas que je conseille d'y revenir.

Au contraire, le roi Louis-Philippe n'est pas assez roi pour le peuple dans les dehors; la royauté ne se montre pas la première et ne resplendit pas aux yeux convenablement. Il faudrait que le peuple vît le Roi d'abord, qu'il fût d'abord frappé par le spectacle imposant de la royauté. Elle pourrait, de temps à autre, s'abaisser vers lui et se faire, pour l'occasion, simple, bourgeoise et familière. Cette simplicité paraîtrait alors une condescendance et une grâce, et serait accueillie avec enthousiasme. Le peuple a vu, par malheur, avant d'apercevoir Sa Majesté, Louis-Philippe en habit vert et un parapluie sous le bras. A ses yeux, ce n'est pas le Roi qui a un habit vert et un parapluie : c'est un monsieur en habit vert qui est le Roi. Il serait enthousiaste et reconnaissant de voir le Roi vêtu d'un simple frac, mais il se résigne difficilement à reconnaître pour le Roi ce monsieur en habit vert. Je ne sais pas si je me fais bien comprendre. Napoléon s'habillait d'une redingote grise, mais avant il était Napoléon. Le peuple est comme les enfants : l'apparence est sur lui toute-puissante ; et le parapluie ne sera jamais un sceptre à ses yeux.

On ne s'occupe guère du peuple et on semble le dédaigner; on laisse exploiter par d'autres ses instincts, et ils n'y manquent pas. Sans doute le travail est pour le peuple meilleur que les opinions politiques et doit lui rapporter beaucoup plus; mais il ne s'agit pas de donner au peuple des opinions, et il ne peut guère en avoir : il faut s'emparer de ses instincts et de ses sentiments, il faut se faire aimer du peuple. Il est dangereux d'aller contre ses antipathies; certains noms lui déplaisent. Le dévouement personnel au Roi ne devrait pas toujours être une recommandation politique : le peuple est jaloux de la cour.

Il est, nous le savons bien, difficile, quand on gouverne, d'être un roi populaire; gouvernement et popularité sont deux; mais le duc d'Orléans, qui ne gouverne pas, devrait s'attacher le peuple. Que fait le duc d'Orléans? où est-il? — C'est un bon enfant, disent les membres du Jockey-Club. — Cela ne suffit pas. Le peuple ne va pas chercher les princes, et il n'en a pas besoin ; mais les princes pourront, quelque jour, avoir besoin du peuple.

IMPRIMERIE DE MADAME POUSSIN,
RUE ET HÔTEL MIGNON, 2.

Sous presse :

PREMIÈRE LETTRE D'UN AMI DU PEU-
PLE, par ALPHONSE ESQUIROS.

PETITS CONSEILS AU ROI POUR LES
CRISES MINISTÉRIELLES, par AUGUSTE
JUGE.